神秘大自然

SHENMI DAZIRAN

央美阳光 / 绘编

化学工业出版社

·北京·

图书在版编目（CIP）数据

童眼识天下百问百答．神秘大自然/央美阳光绘编．
—北京：化学工业出版社，2019.10
ISBN 978-7-122-34899-9

Ⅰ.①童… Ⅱ.①央… Ⅲ.①科学知识-儿童读物
②自然科学-儿童读物 Ⅳ.①Z228.1②N49

中国版本图书馆CIP数据核字（2019）第147473号

责任编辑：王思慧 谢 娣 封面设计：史利平
责任校对：边 涛

出版发行：化学工业出版社（北京市东城区青年湖南街13号 邮政编码100011）
印 装：北京宝隆世纪印刷有限公司
889mm×1194mm 1/20 印张4 2020年4月北京第1版第1次印刷

购书咨询：010-64518888 售后服务：010-64518899
网 址：http://www.cip.com.cn
凡购买本书，如有缺损质量问题，本社销售中心负责调换。

定 价：22.80元 版权所有 违者必究

大眼睛，转啊转，我们身边的世界真奇妙！不仅多姿多彩的大自然有秘密，神秘莫测的宇宙有故事，就连生活中的衣食住行也蕴含着很多大道理呢。亲爱的小朋友，面对一个又一个有趣的现象，你的脑海里是不是会不由自主地冒出很多疑问："它们究竟有什么奥秘？我怎样才能找到答案呢？"别着急，《童眼识天下百问百答》来到你身边啦！有了这把神奇的钥匙，很多问题会迎刃而解。

《童眼识天下百问百答》里有许多个有趣的"为什么"，还有上千幅生动形象的精美手绘彩图。它们带你畅游知识的海洋，让你足不出户就能拥抱星球，亲近自然，了解鸟兽鱼虫、花草树木以及衣食住行的神奇奥秘。还等什么？快跟着《童眼识天下百问百答》去不同的科学世界走一走、看一看吧！相信在这次旅程过后，你就能成为科学"小百事通"啦！

小朋友，你知道吗？奇妙的大自然也有"喜怒哀乐"！各种自然现象就是它表达情绪的方式。你有没有仔细观察过大自然的情绪呢？其实，这每一种情绪的背后，都蕴含着许多科学奥秘：为什么大山里的云更多？为什么大海会咆哮？酸雨是怎么形成的？……怎么样，这些问题是不是经常出现在你的脑海里？你一定很想去寻找它们的答案吧！那么，现在就跟着《神秘大自然》，踏上充满奇趣的解密之旅吧！

目录 mu lu

千变万化的自然现象

可怕的自然灾害

保护我们的大自然

千变万化的自然现象

　　小朋友，面对大自然中各种有趣的自然现象，你心里一定好奇极了：旋风是怎么形成的？为什么云会变来变去？为什么雨后会出现彩虹？……这一章节里就有你想要的答案！下面就请你化身为小小科学家，亲自去揭开这些谜题的答案吧！

为什么春天是多风的季节？

虽然冬天非常寒冷，但是春天往往才是多风的季节。这是为什么呢？

我们都知道，风是空气流动形成的。春天正是气温回升的季节。随着气温升高，地表的空气受热膨胀变轻，就会慢慢往上升。热空气上升后会遇到冷空气，于是，在冷空气的影响下，热空气的温度下降，自身也变重而降落。但是，此时地表温度较高，受冷后的空气又会再次上升。因为春天温差较大，空气流动更加频繁、剧烈，所以这个季节的风才更多啦！

为什么大风天出门要戴口罩？

　　大风天出门前，爸爸、妈妈都会让我们戴口罩。你有没有乖乖听话呢？别以为空气看上去很清透就真的干净了。其实空气中有很多细菌和灰尘呢！因为风是空气流动形成的，所以我们也说不好它的源头是哪里。如果风来自一个污染严重的地方就糟糕啦！口罩可以起到一定的过滤作用，可以阻挡一部分细菌和灰尘。所以，在大风天出门时，一定要戴口罩！

风可以分成多少级？

　　你知道吗？风是分等级的。从无风开始算起，风力可以分成13个等级。其实在自然界，风力有时是会超过12级的，后来，人们把12级以上的大风风力补充到了17级。

　　没有风自然就是0级了。1级的风通常也很难被感觉到。只有风力在2级以上的时候，我们才会有感觉。如果风力达到了6级以上，人们就很难出行了。因为这时的风非常大，大到我们很难自如行动。如果风力达到8级以上，树枝会被吹断。9级以上的风更是会损坏房屋，给我们的生活带来很大的损失。

3

为什么风力可以发电？

大自然中的能量是可以转化的。电其实也是能量转化的一种形式。风力发电就是利用了能量转化这一原理。那么，风力是怎样发电的呢？

小朋友们听说过风力发电机吧？它就是我们俗称的风车，是利用风力发电的"生产车间"。当风吹动风力发电机的风轮转动的时候，风能就可以转换成机械能，带动发电机工作进行发电了。你知道吗？人类利用风能的历史已经有几千年啦！

旋风是怎么形成的?

小朋友们见过旋风吗?旋风贴近地面,能够卷起地上的叶子和尘土,你知道它是怎么形成的吗?

随着气温升高,某个地方被太阳晒得很热,空气就会慢慢地膨胀起来。膨胀的空气会因为变轻而上升。等离开地面升入高空之后,温度又低了下来,膨胀的空气又会收缩变重,落下来。这时,受热地区的空气不断上升,气压会变低。这样,四周的空气就要从气压高的地方流动到气压低的地方。但是,由于空气是流动的,而地球又是一刻不停地自西向东自转,于是,从四周吹来的较冷的空气就围绕着受热的低气压区旋转起来,形成空气涡旋。这种涡旋就是我们所说的旋风。

为什么朝霞是橙红色的?

　　清晨的时候，橙红色的朝霞映红了半边天，真漂亮啊！我们知道，朝霞是阳光透过大气层时，被空气中大量的尘埃、水汽等分子散射出来的，可是为什么朝霞是橙红色的呢?

　　原来，阳光是由红、橙、黄、绿、青、蓝、紫这七种颜色的光线组成的。但遇到阻碍的时候，这些光线的光波就有强弱快慢之分了。早上，大气中有很多小水滴和尘埃，它们就像重重关卡一样，将光波较短的紫光、蓝光和青光散射掉，而只有光波较长的红光、橙光和黄光，穿透大气中的重重阻碍照射到地面上来。所以，我们看到的朝霞就是橙红色的了。

为什么"朝霞不出门，晚霞行千里"？

你听说过"朝霞不出门，晚霞行千里"这句谚语吗？它可是有科学依据的。早上太阳从东方升起，如果这时出现漂亮的朝霞，说明大气中的水汽很多，而且充满水汽的云层很厚，这就是要下雨的征兆。晚霞是由尘埃等干粒子对阳光的散射形成的。如果它出现，就证明西方没有云层或云层已经裂开，阳光才能透射过来形成晚霞，因此预示天气就要转晴了。小朋友们可以利用这个说法判断一下天气。

雾是怎么形成的？

小朋友，你知道雾是怎么形成的吗？让我来告诉你吧！当地表温度不高，空气又相当潮湿的时候，空气中的水分子就会凝结成小水滴。这些小水滴悬浮在空气中，就是我们所看到的雾。因为雾和云都是由温度下降引起的，所以有时人们会说，雾是靠近地面的云。

为什么大雾天开车要开雾灯？

大雾天我们的视线会受到阻碍。家中有车的小朋友或许会发现，大雾天爸爸、妈妈开车时会打开车上的雾灯，这样就能最大限度地保证行驶安全了。雾灯有什么神奇之处呢？

其实神奇的不是雾灯，而是红色和黄色的光。这两种颜色的光线是所有可见光线中穿透力最强的。在能见度不高的大雾天里，它们可以提醒前后行人和车辆注意避让，以免发生交通事故。

为什么有其他颜色的雾？

　　雾是水蒸气形成的，所以呈白色。但是，英国的伦敦竟然曾经出现过紫色的雾。这是什么原因呢？不要认为紫色的雾很漂亮啊！那可不是什么好现象。有的地方空气污染严重，所以雾就不全是纯净的水滴，其中会掺杂一些有害的物质。通常不同的物质会有不同的颜色，所以雾就会呈现出其他颜色来。

雾凇是树开的花吗？

　　冬天，我国北方有一种非常迷人的景观——雾凇。不要以为雾凇是树上长的一串串白色小花，实际上它是一种小冰粒。有时天气非常寒冷，空气中的水蒸气在遇到物体时就会跳过变成水滴的过程，直接形成小冰粒。这些小冰粒附着在物体表面，就变成了白白的"雾凇"。

云是怎么形成的？

　　天上的云是由小水滴和小冰晶组成的。你是不是很好奇，水是怎么从地面跑到天上的呢？我们知道，水有三种形态。它可以是液态的水，可以变成固态的冰，也可以变成气态水蒸气。当气温很高的时候，一部分水就会变成轻飘飘的气体跑到空气中。但是，高空的温度很低，水分子为了取暖，就抱成一团，变成了小水滴。这些小水滴聚集在一起，就成为高空的云了。

为什么云会变来变去？

　　如果我们盯着一片云看，会觉得它是静止的。但是，如果我们过一会儿再看它的话，可能会发现它的形状或位置发生了改变。为什么云会变来变去的呢？这是因为空气不是静止的，每时每刻都在运动。虽然我们很难感觉到，但是微弱的小水滴很轻，会随着空气的运动而运动。组成云的小水滴的位置发生了变化，那么云的形状或位置自然也就不一样啦！

为什么大山里的云更多？

小朋友，不知道你有没有发现这样一个现象：大山中的云彩非常多。这是为什么呢？其实，去过大山的小朋友会发现，山里有好多的植物，植物中含有很多水分，所以大山里空气中的水分往往比较多。山上的温度又比地面要低。水汽不断升高，遇冷后就会变成小水滴，在空中凝结成云。当云过重的时候，就会下雨。植物再将雨水喝掉，之后又会重复释放水分。这个过程循环往复，所以，大山里的云朵就更多了。

为什么云彩绕在山腰上？

小朋友们有没有发现，大山的山腰总是云雾缭绕的。为什么云彩会绕在半山腰上呢？我们知道，形成云彩的因素有两个，一是温度够低，二是水分够多。山顶上温度不是更低吗？没错，但是山顶上往往水分比较少。你想啊，小水滴飘到了一望无际的天空中，还能乖乖地停留在一个地方吗？山腰就不同了。因为有山的阻挡，小水滴就会聚集在山腰周围，再加上温度够低，就形成了大山的"云彩腰带"。

为什么秋天云很少？

　　人们都说"秋高气爽"。这是因为秋天时天上没有多少云，所以我们才觉得天空很高。难道秋天的云也随鸟儿迁徙了吗？当然不是这样的。真实的原因是秋天时云很难形成。我们知道，云是由空气中凝结的小水滴构成的。秋天的气温没有夏天高，空气中的水分比较少，所以云就不容易形成了。秋天即便有云，也是非常稀薄的。

为什么雨滴有大小？

　　我们仔细观察就会发现，天降暴雨时，雨滴很大；下毛毛细雨时，雨滴非常小。你是否好奇过，为什么雨滴大小不一样呢？告诉你吧，这和云有很大的关系！如果云比较稀薄，空气运动不强烈，那么降下的就是毛毛细雨；如果云很厚，就证明水汽很多，再加上空气运动很剧烈，小水滴就会运动起来，甚至碰撞结合在一起，像滚雪球那样变成大雨滴。

为什么下过雨后空气中有泥土的味道？

雨过天晴，我们会闻到一种类似泥土的清新气味。这是为什么呢？其实这并不是泥土的气味，而是一种名叫土臭素的物质的气味！土臭素是一种具有土腥味的化合物，由放线菌和蓝藻合成并分泌到水中，被水中的动物吸收后产生的异味。下雨后，雨水会刺激土壤释放出土臭素，所以，我们呼吸时才感觉到有一种泥土的清新气味。

为什么夏天太阳高照的时候还会下雨？

下雨的时候还能看到太阳，真神奇！其实太阳雨并不神秘。想想它有什么特点呢？太阳雨总是下一阵就停，持续的时间不长。之所以这样，是因为下雨时的云比较薄，而且在很高的天空，雨水落到地面之前，云就已经消失了。当我们感觉到雨的时候，遮挡太阳的云没有了，自然就能看到太阳了。另外还有一种可能，就是距离我们不远的地方在下雨，恰巧有一阵很大的风把那里的雨水带到了我们这里。

15

为什么雨后会出现彩虹？

雨过天晴之后，常常会出现彩虹。你想过彩虹是怎样出现的吗？其实彩虹是太阳的杰作！雨后，空气中充满了小水滴，太阳光在射向地面的时候会先经过小水滴。因为太阳光中有多种光线，每种光线的穿透能力都不同，所以当它们穿过这些小水滴时，就会出现折射和反射现象。又因为这些光线的折射和反射角度是不一样的，所以空中就会出现绚丽的彩虹啦！

为什么彩虹会有七种颜色?

彩虹通常都是七彩缤纷的。其实特别的不是彩虹,而是阳光!小朋友们还记得阳光的七种颜色吗?分别是红、橙、黄、绿、青、蓝、紫。雨后空气中有很多小水滴。这些小水滴可以把太阳光折射和反射成七种单色光。这就是彩虹的七种颜色啦!

为什么雨后的空气很清新?

雨后的空气最清新了。你想过这是为什么吗?下雨时,水汽为了凝结成雨滴,会将空气中悬浮的灰尘、杂质都层层包裹起来。如此一来,雨水将杂质都带到了地面上,所以空气就纯净了许多。而且,下雨时的雷电也是雨后空气清新的原因之一,在闪电的作用下,空气中的氧气分子被电离成正氧离子和负氧离子,负氧离子具有净化空气的作用。除此之外,雷电还会产生臭氧,臭氧具有杀菌的作用。空气还原了原有气味,当然清新多啦!

植物会预报天气吗？

想知道天气，就要看天气预报。但是，小朋友们不知道吧，植物也是"天气预报员"呢！植物对天气的敏感度比我们要灵敏得多。当天气要发生变化的时候，空气的温度和湿度都会有细微的变化。这些变化我们察觉不到，但是植物却可以。如果周围的环境发生改变，植物可能也会做出反应。所以，我们观察植物有时也能知道是否会变天。柳树、含羞草、南瓜等植物，都是有名的"天气预报员"呢！

为什么有时候会连着下很多天雨？

有时候雨一下就是好多天，真烦人！为什么雨会下个不停呢？我们知道，空气中的水汽升到高空受冷会变成小水滴，当云承载不住水滴的重量时，水滴就会落下来。所以说下雨需要温度和水分两个条件。如果一个地区气候非常湿润，冷空气和暖空气的接触非常频繁的话，雨就会一直下个不停。

"春雨贵如油"是什么意思?

　　小朋友,你听过"春雨贵如油"这句俗语吗?实际上它是我国北方人常说的一句话。你知道这是为什么吗?北方的气候相对比较干燥,尤其是冬天和春天,雨水很少。但是,春天正是植物发芽生长的季节,这时农作物是最需要水分的。所以,这个季节的雨水对于农作物和农民伯伯来说非常宝贵,人们就常用"春雨贵如油"来形容春雨的重要性了!

为什么说"清明时节雨纷纷"?

　　"清明时节雨纷纷"是真的吗?有关气候资料显示,我国很多城市都会在清明这天下雨。清明有什么特别的,为什么会下雨呢?要知道,清明期间,北半球天气变暖,西太平洋的暖风会把暖湿气流带过来。但是,冬季残留的冷空气还没有消失。当冷暖空气交汇在一起时,空气中的水分会越来越多。所以,雨水也就多了起来!

为什么高楼大厦的顶上要插一根"针"？

大多数小朋友听说过避雷针吧？避雷针就是大楼顶上那根尖尖的金属针。别看它结构简单，整座大楼都需要它的保护呢！几乎每栋大楼上都会有避雷针。这是为什么呢？我们知道雷电有多恐怖。其实不仅我们害怕雷电，就连大楼也难以抵挡它的袭击！为了防止雷电"作恶"，人们就给大楼安装了避雷针，让它给雷电一个导向，将雷电流引入大地。这样一来，雷电走了，大楼自然就安全啦！

"轰隆隆——"为什么天空会打雷？

小朋友，你怕打雷吗？在盛夏时节，下雨的时候往往伴随着雷声。这是什么原因呢？雷是云层中的电荷运动摩擦后产生的。因为夏天气温高，且空气中水蒸气充足，这样的条件有利于形成一种雷雨云。当雷雨云附近的电场强度达到一定程度时，电场就会击穿空气放电，产生热效应，使空气膨胀爆炸，于是就产生了我们听到的"轰隆隆"的雷声了！

为什么响雷打闪时不能看电视？

　　每当出现雷雨天气时，我们就不能看电视了。这是为什么呢？原来，打雷、打闪是一种放电的过程。在这个过程中会有很强大的电流产生。如果电线及有线电视线被击中的话，那么它们很有可能将强大的电流带到室内来，引到电视机身上，烧坏电视机的内部构件和电路。这样非常危险！所以，为了安全，我们不但要在雷雨天气里关掉电视机，还要及时拔掉电源插头呢。

为什么闪电有很多颜色？

　　常见的闪电是白色的。但是，你知道吗？闪电还有其他的颜色呢。到底是谁操控着闪电的颜色呢？其实，影响闪电颜色的因素有很多，其中闪电的温度很重要。当温度比较高时，闪电是蓝色或白色的；当温度比较低时，闪电是橘色或红色的。当然，空气湿度、气体变化、灰尘等杂质也会影响闪电的颜色，让闪电呈现出黄色、绿色、紫色……

为什么每次闪电划过之后才会响起雷声？

通常雷声和闪电都是相伴出现的。不过，我们总是先看到闪电，后听到雷声。它们为什么不同步呢？其实就像我们赛跑一样，有人跑得快，有人跑得慢。闪电是光的传播，而雷声是声音的传播。光传播的速度比声音快多了，所以我们会先看到闪电，后听到雷声。

为什么打雷时不能躲在大树下？

妈妈有没有告诉过你，打雷、下雨时不要躲在大树下呢？因为雷雨天在大树下躲雨非常容易被雷电击。潮湿的树木因为有水，更容易导电。我们如果离大树很近的话，就会被雷电伤害。所以，雷雨天最好不要在外面玩耍，更不要到大树下去避雨！

为什么冬天会下雪？

下雨和下雪都是降水。为什么冬天下的是雪呢？其实这不是水分子自己决定的。夏天的时候，高空的温度虽然很低，但水分子仍然能保持液体的形态。但是，到了冬天，高空的温度低于0℃的时候，水分子因为太冷就变成小冰晶了。小冰晶在高空随着气流运动，越来越大，当上升气流再也托不住它们的时候，就会落下来，成为我们看到的雪花啦！

为什么雪花是白色的？

雪花为什么是白色的呢？雪花是由无数的小冰晶组成的。虽然小冰晶是透明的，但是当阳光射向它的时候，有许多面小冰晶的雪花就像无数面小镜子，能把太阳的光线全部反射回去，无论什么颜色的光线都不吸收。这时我们看到的雪花就是白色的啦！

为什么雪花是六角形的？

　　雪花真漂亮！小朋友们都好喜欢它！可是，为什么雪花是六角形的呢？其实，雪花是一种晶体。在这里要告诉你一个秘密，很多晶体都有特定的几何形状。结晶的物质分子会按照自己的规则进行排队。水分子要变成雪花的话，也要按照规则进行排队，它们的队列就是六角形。因此，雪花不论大小，都是六角形的！不过，每一片雪花都是长相不同的六角形。

为什么下雪后夜空会变红？

雪后的夜晚，天空有时会变成红色。这是什么征兆吗？小朋友，不要害怕，这只不过是城市中的灯光罢了。下过雪后，地面被白色的雪覆盖。白雪不会吸收任何一种颜色的光线，会把所有的光线反射出去。城市中的光线通过白雪的反射跑到天空中，遇到天空中的云会再次折返。虽然折返的过程中有些光线会消失，但穿透力很强的红光会一直射到我们的眼睛里，所以天空看上去就变红啦！

下雪后世界怎么变安静啦？

不知道小朋友们有没有这样的感觉：下雪之后，世界就像装了"静音器"一样，非常安静。这是为什么呢？原来，是雪将声音"消除"啦！雪花非常轻盈，叠在一起很蓬松，这样它们之间会有很多孔隙。声音会钻进雪里，在孔隙中来回穿梭，无形中就被雪给"消化"掉啦！所以，我们就觉得世界都变安静了。

为什么说"下雪不冷化雪冷"？

　　按说下雪应该是最冷的时候，但事实并非如此。在下雪的时候，我们周围的空气并不会散失很多热量。这时天空中有云层庇护，所以靠近地面的空气还是比较温暖的。但是，雪融化的时候就不一样了。虽然看起来只有天气变热时雪才会融化，但事实上，雪为了融化要吸收周围的热量。这样一来，温度下降，天气就变冷啦！

为什么天上会掉下小冰块？

冰雹就是从天而降的小冰块。为什么不是下雪而是下冰雹呢？告诉你吧，冰雹只有夏天才有。夏天天气很热，地面的温度非常高。此时空气变热膨胀后变轻，水蒸气就会向上升。如果水蒸气飞得太高了，就会从小水滴变成小冰粒。冰粒比较重，会下落，但是在遇到热空气的时候会部分融化，变轻之后的冰粒会再次被上升的热空气托上天。当这些小冰粒和周围的小冰粒抱在一起之后，小冰块就形成了。冰块比较重，空气又托不住它们，所以就降落到地面上了。

怎么才能阻止冰雹落下来？

　　冰雹对农作物的危害非常大，所以科学家想出了阻止冰雹落下的好办法。怎么做呢？其实很简单，只要将大冰雹变成小冰雹，再把小冰雹变成小水滴就行了。想要实现这个目标也不难，只要将一种叫碘化银的物质撒到云层中就行了。这种物质可以让大冰雹变小，最后变成小水滴呢。这项工作由谁来完成呢？高射炮和飞机都能胜任。

天上掉下来的小冰块能吃吗？

　　在饮料中加上冰块，凉滋滋的真好喝啊！冰是水变来的，那么从天而降的冰块可以吃吗？千万不要吃！天上掉下来的冰块是空气中的水凝结而成的。也就是说，这样的冰块可不干净！空气中有很多灰尘、杂质，会融入雨水、冰雹中。所以，为了健康着想，还是不要好奇去吃冰雹了！

为什么一年会有四季?

　　一年中,会经过春夏秋冬四季,为什么会有季节变化呢?这是因为,地球绕太阳公转的时候,身子总是倾斜的,当它处在公转轨道的不同位置时,太阳光的直射点是不断变化的,各个地方接受到的光照多少也是不一样的。当阳光直射北半球的北回归线,北半球白天长,接受的热量多,气候就炎热,正是夏季。此时,南半球阳光斜射,黑夜长,接受的光照少,就是寒冷的冬季。当阳光直射赤道的时候,南北半球都是阳光斜射,接受的热量差不多,就是不冷不热的春季和秋季。太阳光直射点的变化和接受热量的差异,让地球有了四季。

每个地方都有四季吗?

　　要知道,只有温带才会四季分明。赤道附近,由于是阳光直射,终年高温,一年中没有明显的季节变化,只有旱季和雨季之分。南极和北极地区,阳光斜射,接受的热量很少,每年还有极昼、极夜现象,因此只有夏季和冬季,而没有明显的春季和秋季。

四季是以什么来区分的？

一般情况下，我们以温度来区分四季。在北半球，一般每年的 3—5 月为春季，6—8 月为夏季，9—11 月为秋季，12 月—来年 2 月为冬季。南半球各个季节的时间刚好与北半球相反。北半球是冬季时，南半球是夏季；北半球是夏季时，南半球是冬季。

为什么昆明四季如春？

小朋友们去过昆明吗？那可是一个四季如春的好地方。虽说我国处于北温带，有明显的四季划分，但昆明显然是一个例外。昆明的地理位置比较特殊，终年都能接受比较多的阳光照射，加上来自海洋的暖湿气流，所以冬天也不会很冷。到了夏天，空气中的水分增多，能够吸收很多热量，加上海拔比较高，所以不会很热。这就是昆明冬暖夏凉、四季如春的原因！

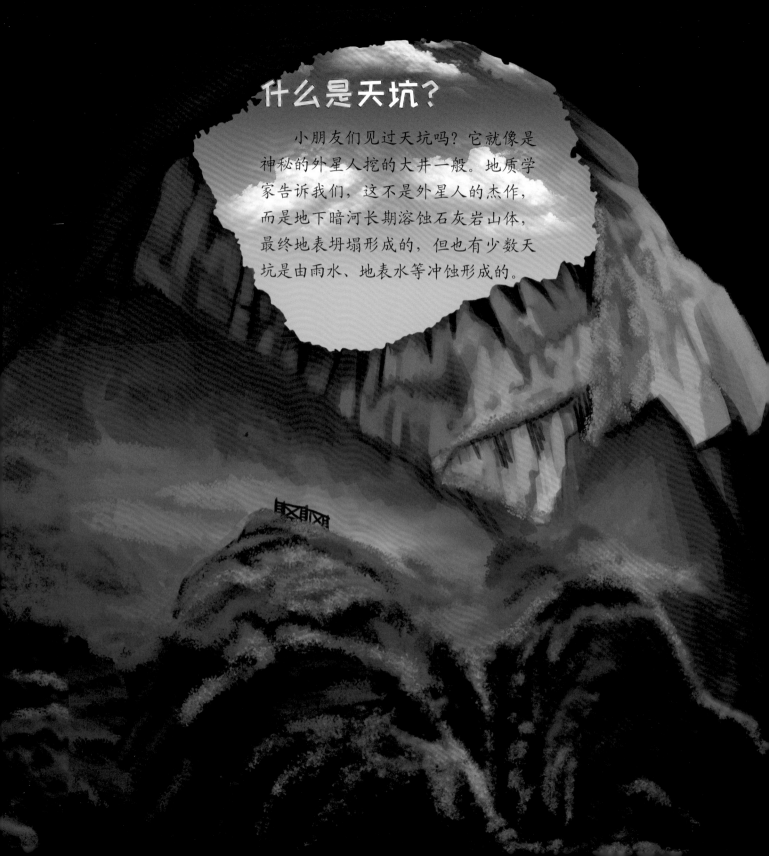

什么是天坑？

　　小朋友们见过天坑吗？它就像是神秘的外星人挖的大井一般。地质学家告诉我们，这不是外星人的杰作，而是地下暗河长期溶蚀石灰岩山体，最终地表坍塌形成的，但也有少数天坑是由雨水、地表水等冲蚀形成的。

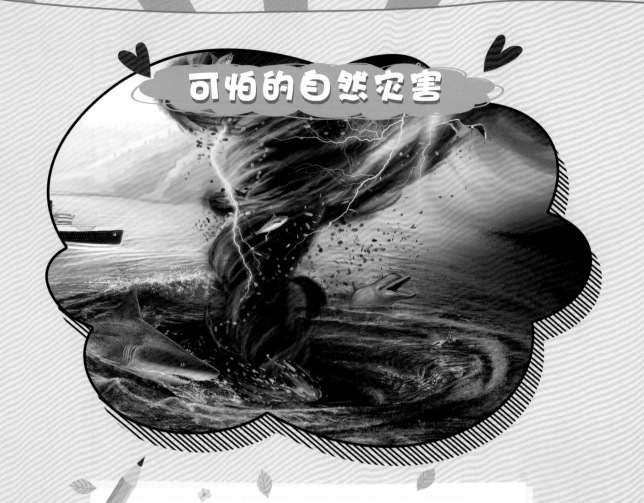

可怕的自然灾害

　　美丽的大自然也有发怒的时候，而且它发怒的结果往往是人类不能承受的！地震、海啸、火山爆发……每一种自然灾害都十分可怕。小朋友，你知道大自然为什么会发怒吗？面对自然灾害，我们应该怎么办？别心急，赶快到书中去寻找答案吧！

为什么森林会"自己着火"？

森林是大自然对我们的馈赠，而森林火灾往往导致惨重的损失。除了人为的原因，森林常常会发生自燃，这是为什么呢？告诉你一个秘密：每种物质都有一个燃烧点，如果温度过高，达到了这种物质可燃烧的温度，它就会燃烧。森林中有很多落叶、树枝，这些东西燃点很低，太阳高温照射、干枯树干之间相互摩擦、凹形的山石或悬崖汇聚反射的光斑，都有可能使它们很容易被点燃。森林中到处都是木头，火势一起，后果难以想象。现在明白人们为什么这么重视森林防火了吧？

森林火灾有哪些危害？

森林火灾的危害可大了！熊熊大火不仅会烧伤、烧毁很多树木，引起空气污染和水土流失，使森林生态环境遭到破坏，还会严重威胁林区人民生命财产安全和野生动物的生命。森林中的动物们即使有幸在大火中躲过一劫，也会失去赖以生存的家园。所以，我们平时去森林玩耍时，一定要注意防火！

为什么风越大火势也越大？

　　过生日的时候，我们会吹蜡烛。同样是风，为什么可以吹灭蜡烛，却不能熄灭大火呢？让我们仔细分析一下。风之所以能够吹灭蜡烛，是因为我们吹出的气体中有大量的二氧化碳，当周围空气的氧气含量不足以支持蜡烛燃烧的时候，它自然就会灭了。如果燃烧面积大的话，风就成了帮凶了。因为风不足以降低大火周围的温度，反而会将燃烧需要的氧气带到火焰中。这样，火势就会越来越凶猛啦！

为什么岩浆会从火山里喷涌而出？

为什么火山中会有岩浆喷出来呢？岩浆又是什么呢？

火山内部是炽热的岩浆，而岩浆其实是地下熔融或部分熔融的岩石。我们生活在地球表面或许感觉不到，实际上地球的内部温度非常高，高到足以熔化岩石。这样一来，接近地球中心的岩石就熔化了，成了岩浆。而且，地球中心不仅温度高，还会积蓄能量呢！能量不断地积蓄，当达到极限的时候，就会通过一些通道向地面释放，火山恰巧就是这样的一个通道。岩浆因为有能量的支持，所以就会喷涌而出了！

为什么火山会"睡觉"？

你知道吗？火山也有"死火山"和"活火山"的分别。除了这两类，火山中还有一类"休眠火山"。休眠火山曾经喷发过，但现在好像"睡着了"，没有喷发的迹象。不过，这并不排除它还有喷发的可能。因为地壳下，它并没有完全停止活动。为什么休眠火山会"睡觉"呢？我们知道，火山喷发是地球内部能量释放的过程，而地球内部的能量需要长时间的积蓄才能达到释放的标准，这个过程可能非常漫长。在这个过程中，火山只能"睡觉"啦！

火山爆发时喷出的气体有毒吗？

火山爆发时除了会喷出岩浆，还会喷发出一些气体。告诉你吧，那些气体可不是水蒸气，而是含有毒性的气体呢！火山爆发时除了喷出水蒸气，还会喷出一些含有硫的物质。这些含硫的物质都有毒，其中硫化氢更是含有剧毒，对人和动物来说非常危险！

天池是一个火山口吗？

　　火山口就是火山喷发时熔岩的突破口，地球内部的岩浆正是通过火山口喷射到地面上的。小朋友们应该知道，岩浆来到地表之后会冷却下来。这样，在火山口就会形成一个凹陷的区域。我国长白山的天池就是一个火山口。因为长白山长期处于休眠状态，所以火山口才会有积水，形成一个湖泊。但是，如果哪天长白山"醒来"的话，天池也将成为岩浆的出口。

为什么庞贝古城消失了？

　　你听说过庞贝古城吗？在很久很久以前，庞贝曾是古罗马的第二大城市。那里无比繁华，十分美丽。但是，突然有一天，这个大城市竟然消失了！原来，庞贝古城坐落在维苏威火山边上，在公元 79 年的一天，维苏威火山突然爆发，滚滚的火山灰顷刻间埋葬了这座城市。从此，繁华一时的庞贝古城就从历史上消失了，沉睡在了厚厚的火山灰之下……

为什么会发生地震？

地震真是太可怕了，能毁坏房屋，甚至让大地陷落。这样大的灾难是谁造成的呢？实际上，地震是地球内部能量释放的一种形式。虽然我们感觉不到，但是地球内部一直都在运动、变化着。当地球内部的能量亟待释放的时候，地球表面脆弱的地方就会发生断裂、错动，就形成了地震。

什么是余震？

小朋友们知道余震是怎么回事吗？告诉你吧，大地震过去后，还会有很多小地震呢！这些就是余震。余震的震级通常都不大，不过连续发生还是会造成危害的。为什么会有余震发生呢？原来，一次强烈的地震之后，岩层一般不会立刻平稳下来，还会继续活动一段时间，把岩层中剩余的能量释放出来，所以大地震发生之后才会有余震。

"震中"是什么？

新闻中如果有地震的相关信息，往往会提到"震中"这个词。那么震中是指什么呢？告诉大家一个常识。地震时，能量是集中在一个小范围内爆发的。不过，地震波及的范围非常广。震中指的就是地震源头的中心地带。通常情况下，地震震中的损失是最严重的。要记住的是，地震的源头在地下，但是震中指的是源头投射到地面上的地方。

为什么地震来临前小动物会很不安？

　　小朋友们或许不知道，地震发生前是有征兆的！比如，很多小动物会有反常的行为，变得躁动不安。为什么它们可以感知地震的来临呢？这是因为很多小动物有着非常灵敏的感觉。在地震来临之前，我们生活的环境会发生微妙的变化，这些变化我们难以感知，但小动物却知道灾难要来了。小动物躁动不安，说不定就是灾难来临的前兆呢！

为什么有些植物可以预报地震？

告诉你一个小秘密，其实能够预报地震的不是只有动物，还有植物呢！科学家们发现，地震之前，地球内部的压力会增大，进而产生电流。岩石中的水被电流分解后会成为带电粒子。这些带电粒子来到地面后就会充斥在空气中。植物的细胞就像一个个小电池，接触了那些带电粒子后会产生异常的反应。虽然我们肉眼看不见，但是如果用仪器监测，发现植物有过强电流的话，就预示着地震可能要来了。

地震发生时躲在哪里更安全？

地震真可怕呀！地震来临的时候我们什么都不能做吗？我们可以找地方躲起来。记住，地震时如果在建筑物里面的话，要尽量寻找角落，空间越小越好，角落的桌子下就是非常理想的地方。要是在外面，就尽可能地寻找空旷的地方，那里会安全一些啦！

洪水是红色的吗？

　　小朋友们不要因为听到洪水的名字就认为它是红色的。准确地讲，洪水是黄褐色的，因为水中往往掺杂了泥沙等物质。如果没有那些物质，洪水就会是澄清的。当然啦，如果洪水中多是红色泥土的话，说不定也能呈现出红色。

44

决堤是怎么一回事？

　　河流都是在既定的河道中流动的。不过，当雨季来临的时候，如果降雨过多，持续时间过长，降水过猛的话，河流就承载不了那么多的雨水，可能就会暴发洪灾。河流两边通常都有堤坝，它存在的目的就是为了规范河水的行走路径。但是，如果水量过多，堤坝也可能承受不住。如果堤坝垮掉的话，大量的河水就会脱离原来的轨道。这就是我们所说的"决堤"。如果决堤的话，洪水的脚步就很难阻挡了。

洪水有哪些危害？

　　洪水的破坏力很强，波及范围非常广。一旦它失去控制，人们的生命和财产安全将遭受巨大损失。来势凶猛的洪水会淹没房屋、街道，摧毁人们的家园；会快速吞没农田，毁坏农作物；还会破坏公共交通、电力等设施……1998年夏天，中国南方就出现了罕见的洪灾。据统计，那次洪灾共造成近685万间房屋倒塌，2000多万公顷土地被淹，经济损失达1600多亿元。

泥石流是怎么形成的？

　　小朋友们听说过泥石流吗？它也是一种很可怕的自然灾害。泥石流是一种特殊的洪流。发生泥石流时，携带大量泥沙、石块的洪流从山坡上冲下来，在这个过程中会席卷更多的泥沙和石块，随之，泥石流的破坏力越来越大……泥石流是怎样形成的呢？在山区或其他沟谷深壑，地形险峻的地区，因暴雨、暴雪或其他自然灾害引发山体滑坡，就有可能暴发泥石流。此外，还有一个比较重要的条件，就是山坡上的土壤比较疏松。

为什么山洪暴发很可怕?

山洪是洪水家族的一分子,而且还是洪水家族中破坏力非常大的一员。生活在城市的小朋友很难见到山洪。为什么山洪很可怕呢?想想啊,山洪发生在山区的溪沟当中,那里到处都是泥沙、石块。山洪暴发时,洪水会洗刷山坡,连带着泥沙、石块一起奔跑。比起单纯的洪水来说,山洪的破坏力当然更大!

泥石流多发生在什么地方?

哪里会出现泥石流呢?泥石流经常发生在半干旱山区、高原冰川区的峡谷以及地震多发地带。我国的泥石流多发地区分布在云贵高原以及青藏高原等地。

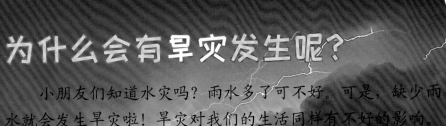

为什么会有旱灾发生呢？

　　小朋友们知道水灾吗？雨水多了可不好。可是，缺少雨水就会发生旱灾啦！旱灾对我们的生活同样有不好的影响。大地裂缝就是旱灾的表现呢！为什么会有旱灾发生呢？其实造成旱灾的原因可能有很多，比较常见的原因是地区水资源分布不平衡。有的地方环境破坏严重，没有植物覆盖地面帮助保存水分，天气一热自然就会出现旱灾啦！所以，保护环境很重要哟！

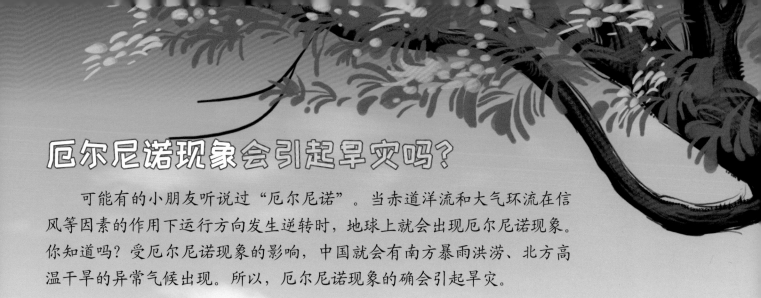

厄尔尼诺现象会引起旱灾吗？

可能有的小朋友听说过"厄尔尼诺"。当赤道洋流和大气环流在信风等因素的作用下运行方向发生逆转时，地球上就会出现厄尔尼诺现象。你知道吗？受厄尔尼诺现象的影响，中国就会有南方暴雨洪涝、北方高温干旱的异常气候出现。所以，厄尔尼诺现象的确会引起旱灾。

为什么说"久旱必有蝗"？

小朋友们知道蝗虫吧？这些可恶的家伙特别喜欢干旱的环境呢！土地干旱久了，地下水位会不断下降，土壤也变得坚硬起来。这时，蝗虫就会将卵产在硬硬的土壤里。此外，地表植被稀疏也为蝗虫产卵提供了有利条件。这样，大批蝗虫会相继出生。它们四处游荡，专门破坏庄稼，真是让人头痛不已。

龙卷风是怎么形成的？

　　小朋友们知道龙卷风吧？它的威力很大。这样的风是怎样形成的呢？原来，有的地方空气不稳定，地面温度太高，高空温度又太低。为了达到稳定，高空的冷空气会快速向下跑，而低空的热空气会快速向上升。两种空气因为运动速度太快，在相遇的时候会产生碰撞，之后就会缠在一起，形成空气涡旋。随着空气运动越来越剧烈，周围的空气也会"加入"进来，这样涡旋会越来越大。当涡旋到达地面的时候，可怕的龙卷风就形成了。

"龙卷风走廊"有多危险？

　　小朋友们知道吗？美国中西部有一条"龙卷风走廊"。它位于落基山脉与阿巴拉契亚山脉之间，那里每年都会出现1000多次大大小小的龙卷风。所以，如果打算到美国旅行的话，尽量不要去那里！因为走进那里，就很有可能被各种龙卷风抛起的东西砸中。

遇到龙卷风时要怎么办？

龙卷风如此可怕，当它袭来的时候我们有办法躲避吗？答案是肯定的！在龙卷风来临的时候，最好躲到地下室。如果没有地下室的话，尽可能跑到低洼的地方，并且要向龙卷风前进路线的垂直方向逃离，因为龙卷风通常不会改变方向。小朋友们要记得，在低洼处躲避龙卷风的正确的姿势是：脸朝下，闭上嘴巴和眼睛，用双手、双臂保护住头部。

海面上也会刮龙卷风吗?

    海面上也有龙卷风呢!龙卷风发生在海面上时,能够将海水吸入高空,形成一条连通海面与天空的水柱,人们称这样的龙卷风为水龙卷。水龙卷刚形成的时候是透明的,但是会在海面上形成涡旋。随着水汽的增多,水龙卷就会变成一条上端连着乌云、下端延伸在海面的水柱,并且在海面上不停地移动。

为什么小鱼和贝壳会从天上掉下来？

你有没有幻想过天上掉下东西来？还真有这样的事呢！水龙卷将大量的水吸到了云层里，但是，由于重力的影响，水不能长时间在云层里停留，所以就会变成雨水降落下来。有时候，被水龙卷吸引到天空里的小鱼、贝壳等也会随着雨水一起降落下来，这样就形成了各种奇怪的"雨"。

水龙卷的威力有多强大？

你有没有好奇过，水龙卷的威力是不是跟龙卷风同样强大？一点也没有错，水龙卷的危险程度丝毫不逊于龙卷风。水龙卷的内部风速可以超过每小时 200 千米。当它来袭时，海面上的船只要么被吹翻，要么被毁坏得支离破碎。如果它向海岸靠近的话，后果会更加惨重。

台风是一种什么风？

　　小朋友们知道台风吗？当它侵袭沿海地区的时候，沿海地区就会出现降雨和大风。实际上，台风是热带或副热带地区海洋上的空气形成的一种热带气旋。简单来说，它和龙卷风有一点点相似，不过它们可不一样。台风持续的时间比龙卷风长多了，而且造成的危害也是大范围的呢！

为什么台风有自己的名字？

大家看新闻的时候有没有发现，台风都有自己专属的名字？不都是风，为什么台风这样特殊？了解台风的特点之后，你就知道答案了。台风是一种热带的空气涡旋，很难预料，而且具有很大的破坏力。所以，在紧急情况下播报台风的时候，就要准确、快捷。为了避免混淆，同时可以概括台风的准确信息，人们就给台风取了名字。

台风中也有风平浪静的地方吗？

虽然台风狂躁无比，但你不知道的是，台风中央，也就是台风眼的位置，可是风平浪静的呢！这是由空气高速旋转形成的一股力量造成的。其实，台风的气流旋转很像洗衣机洗衣服的过程呢！洗衣机洗衣服的时候是滚筒在旋转，水流和衣服都贴着桶壁快速旋转，洗衣机的中央几乎是不旋转的。台风眼正处于台风的中央位置，外围的空气旋转得很厉害，但中心的空气几乎是不旋转的，不受台风干扰，因此是风平浪静的。

雪崩是怎么形成的？

雪崩来了，快逃！真奇怪，看起来安安静静的雪山也会"发脾气"！你知道这是怎么回事吗？告诉你吧，实际上，厚厚的雪层内部一直在进行着一种较量：地球引力想沿山坡的方向把积雪往下拉，而积雪的内聚力却使雪体彼此黏结，停歇在山坡上。这时候，山坡上吹过一阵风，或是山谷里跑过一群动物，都可能让这场较量失衡，造成规模庞大的雪崩。

为什么在雪山上不能大声讲话？

白雪看起来轻飘飘的，但雪崩是非常可怕的灾难呢！你如果去过雪山的话，就一定知道，在雪山上禁止大声讲话，因为大声喧哗可能会引起雪崩。虽然我们觉得声音和雪崩没有什么直接联系，但事实上我们的声音会让空气产生振动。如果声音太大，空气振动波及了不稳固的雪，那些雪就会崩塌，于是就造成雪崩事故了。

雪崩大都发生在什么季节？

　　要知道，雪崩也是有规律可循的！大多数雪崩都发生在冬、春季节。冬季的暴风雪前后，雪比较松软，黏合力不大，一旦一小部分遭到破坏，整个雪层就会慢慢破裂，进而飞速下滑，造成雪崩。春季气温回升，积雪慢慢融化，原本结实的雪变得松散起来，这时也极易发生雪崩。

为什么会有海啸？

　　对于海滨城市而言，海啸是非常可怕的灾难！海啸是大海发怒了吗？大海为什么会生气呢？其实关于海啸有非常科学的解释。海啸是由海下地震火山爆发、海底滑坡或气象变化引发的破坏性海浪，海底震动，海面便不能平静，会出现巨大的波浪，也就是海啸。举个例子，如果我们把杯子底晃一晃，杯子里的水是不是会剧烈地颤动呢？海啸的形成就是这个原理。

海啸可以分为哪两类？

根据海啸的发生区域，我们一般可以将海啸分为本地海啸和遥海啸。本地海啸也叫"局地海啸"，发生区域与受灾海滨相距比较近，会在几分钟之内席卷海岸，让人们毫无防备，经常造成非常严重的破坏；遥海啸一般形成于很遥远的海洋，人们可以在它到来前做出防范措施，减少它可能造成的损失。

海啸发生时动物们会有哪些特别的变化？

动物不但会在地震前给人们一些提示，在海啸发生前也会发出各种信号，告诉人们赶快脱离险境。海啸发生前，大批海鸟会成群地飞离大海，深海鱼类也会游到浅海来。用心观察，说不定就能从动物身上得到海啸发生的信息呢！

59

为什么说海啸的破坏力惊人?

　　海啸就像发狂的猛兽一样可怕,因为它不仅会给人类造成巨大的生命财产损失,还会严重破坏生态环境呢!海啸过后,珊瑚礁、水草、红树林等经常变得面目全非,大量海洋生物可能因此失去家园。而且,肆虐的海水向海岸袭来时会留下咸咸的海水,这对地表植物来说简直就是灭顶之灾。同时,大地表层的养分也会遭到严重破坏。这下,你明白海啸的破坏力有多么惊人了吧。

海啸发生时如何逃生?

　　巨大的海浪拍来让人害怕,海啸更加可怕。如果遇到海啸,我们应该怎样逃生呢?要记住,海啸也是有先兆的!比如小朋友们如果在海边感到地震的话,不要迟疑,要第一时间远离海边,尽可能跑到更远、更高的地方,短时间内绝不要靠近海边。此外,如果发现海水在快速倒退的话,也要赶紧跑,因为这也是海啸来临的前兆呢!

保护我们的大自然

　　小朋友们，大自然一直在给我们制造各种惊喜。可是，人类在利用各种资源生产、生活的过程中，给自然环境带来了严重的破坏，土地沙漠化、水体污染、雾霾来袭、气候变暖……这一个个问题的出现，都给我们敲响了警钟：保护自然，势在必行！

是谁制造了沙尘暴?

沙尘暴危害不小。究竟谁是这种天气的始作俑者呢?想要了解这一点,就要知道沙尘暴发生的条件。总结起来共有三方面,分别是大风、干燥的气候以及沙尘。虽然现在荒漠化严重和我们人类的活动分不开,但也不能完全说是人类造成的这种天气。确切地说是人类对环境的破坏,加上大自然的一些条件,才形成了沙尘暴这种特殊的天气。

沙尘暴是从沙漠地区来的吗?

在干旱的北方会出现沙尘暴天气。小朋友们是否想过,漫天的黄沙是从哪里来的呢?内陆沙漠地区天气干旱,在有风过境的时候,大风会将沙漠中的一些沙尘带到其他地方。持续的大风最终就会造成沙尘暴天气。也就是说,我们看到的沙尘其实就是从沙漠地区来的呢!

沙尘暴对人有什么危害？

　　沙尘暴肆虐的时候，爸爸、妈妈是不是不让我们出去玩呢？原因很明显，这样的天气会给我们的身体健康带来危害。你想啊，大风吹来的沙尘中有很多细微的东西呢！比如细菌啊，病毒啊，等等。要是沙尘暴是来自某个污染严重的地区，空气中可能还会有有害物质，那就更糟糕啦！所以，在沙尘暴天气里要尽可能地待在室内并关闭好门窗哟！

为什么土地会变成沙漠？

你们知道吗？土地荒漠化的形成是一个非常复杂的过程。如果说自然条件和气候变化为荒漠化的形成和发展创造了条件，那么人类活动激发和加速了荒漠化的进程，成为荒漠化的主要原因。过度开垦、过度放牧、乱砍滥伐和水资源的不合理利用等行为使土地严重退化，森林被毁，气候逐渐干燥，最终导致了沙漠的形成。

为什么荒漠化那么可怕？

荒漠化就是土地的退化，是由气候的变化和人类不合理的活动引起的。全世界荒漠化的威胁日益加剧，对于受到荒漠化威胁的人来说，最严重的影响莫过于有生产能力的土地消失了。每年因为荒漠化消失的土地可以生产 2000 万吨粮食，而每年由于土地荒漠化造成的经济损失达到 420 亿美元。所以，荒漠化是非常可怕的！

怎样减少土地荒漠化？

　　要减少土地荒漠化，需要全人类共同合作和参与。人类既要减少对土地资源、水资源和植物资源的过度开采利用，也要积极重建和修复沙地生态系统，合理利用资源。

为什么酸雨被称为"空中恶魔"？

酸雨的危害非常大，被称为"空中恶魔"。没错，酸雨是全球性的灾难之一。它会让土壤酸化，变得贫瘠，还能诱发虫害，致使农作物减产。酸雨还会损害森林植物，使树叶枯黄脱落，森林成片死亡。另外，酸雨还会腐蚀建筑材料，有许多文物古迹就因为酸雨而变得面目全非。不仅如此，酸雨还会影响人们的身体健康！

酸雨是怎么形成的？

　　酸雨的危害可大了，它能够让土壤都呈酸性！那么无色无味的雨是怎么变"酸"的呢？这和我们人类的活动有关。在人们的生产、生活中，会排放出很多污染环境的酸性物质。这些酸性物质随着雨、雪、雾或雹等降水形态落到地面就会成为酸雨，有硫酸型酸雨、硝酸型酸雨，等等。我国的酸雨主要是燃烧含硫量比较高的煤造成的，另外还有汽车尾气的排放。现在提倡绿色出行，为的就是减少汽车尾气的排放，保护环境呢！

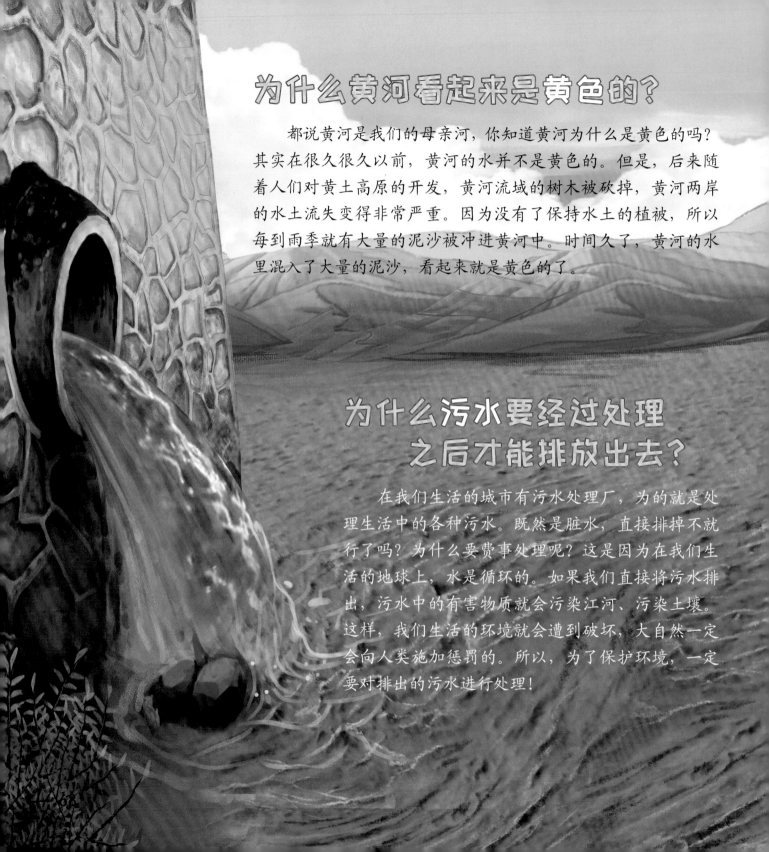

为什么黄河看起来是黄色的？

　　都说黄河是我们的母亲河，你知道黄河为什么是黄色的吗？其实在很久很久以前，黄河的水并不是黄色的。但是，后来随着人们对黄土高原的开发，黄河流域的树木被砍掉，黄河两岸的水土流失变得非常严重。因为没有了保持水土的植被，所以每到雨季就有大量的泥沙被冲进黄河中。时间久了，黄河的水里混入了大量的泥沙，看起来就是黄色的了。

为什么污水要经过处理之后才能排放出去？

　　在我们生活的城市有污水处理厂，为的就是处理生活中的各种污水。既然是脏水，直接排掉不就行了吗？为什么要费事处理呢？这是因为在我们生活的地球上，水是循环的。如果我们直接将污水排出，污水中的有害物质就会污染江河、污染土壤。这样，我们生活的环境就会遭到破坏，大自然一定会向人类施加惩罚的。所以，为了保护环境，一定要对排出的污水进行处理！

为什么有些河流污染严重？

　　小朋友们，你们知道河水里除了有大量泥沙，还有很多污染物呢！这是怎么一回事呢？告诉你吧，尽管政府以及沿河而居的人们为保护河流的水质和生态做了大量的努力和工作，河流的污染情况已经有所好转，但不可否认的是，河水污染的问题依然没有得到根本解决。许多河流沿岸都有从事化工、有色金属、造纸等污染较重行业的企业，因此，向河水中排放未经处理的废水的行为时有发生。另外，生活污水和富含农药的农业废水也是污染河流的"凶手"。于是，许多原本清澈的河水，就这样受到了不同程度的污染。

雾霾为什么很糟糕？

　　近些年出现了一个新词，叫作"雾霾天气"。这种天气可比大雾天气糟糕多了！雾霾的主要成分是二氧化硫、氮氧化物和可吸入的颗粒物。大雾本来就会阻碍我们的视线，再加上各种颗粒物，能见度就更低了。雾霾中的有害物质很多，小颗粒来自汽车尾气或是工业生产排放等，都是有毒的物质。

雾霾是从哪里来的？

　　小朋友，你知道雾霾是怎么来的吗？告诉你吧，人类的机动车尾气是制造雾霾的主犯，工业生产排放的废气、浓烟也是主要的参与者。另外，北方烧煤供暖的废气让冬天成了雾霾最严重的季节。除此之外，建筑工地上的扬尘、居民生活排放的烟气也是制造雾霾的帮凶。

雾霾有哪些危害？

雾霾看起来跟雾气差不多，可是它的危害可大了！科学研究表明，雾霾中含有 20 多种对人体有害的物质，这些有毒物质的含量是普通大气中的几十倍呢！要知道，这些物质会给人类健康带来不可忽视的负面影响。雾霾不但会使呼吸道疾病、心脏疾病以及其他慢性疾病患者的病情恶化，还会降低人体免疫力。更严重的是，它还会阻碍婴幼儿的健康成长。

为什么全球的气候在变暖？

小朋友，你有没有听大人们说过现在全球气候在变暖？这可不是谣言。现在全球的气温逐年升高和人类活动密切相关。随着工业的发展，各种温室气体的排放量剧增。这些气体就是全球气候变暖的罪魁祸首！它们盘踞在地球上空。地表的热量被它们吸收，却不会散发到外面。这样，它们就像地球表面的罩子一样，将地球给罩住了。热量不能散发，温度自然逐年升高啦！

气候变暖会带来什么后果？

最近100年间，全球地表平均温度上升了0.74℃。其中，北极的温度50年内大约升高了7℃，南极的温度也升高了大约4℃。极地温度的升高就意味着极地的部分冰川会融化，海平面自然也就会随之上升。近百年来，海平面已经上升了大约17厘米，这个数字看似微小，但那些海拔较低的海岛国家却面临着被淹没的危险。

怎样减缓全球气候变暖的步伐？

　　小朋友们千万不要以为全球气候变暖是不可改变的事情。只要我们平时从一点一滴做起，就能减缓气候变暖的步伐呢！首先，要多吃素食，拒绝浪费，不要购买那些破坏生态的蔬菜、食品；其次，尽量穿可回收再利用的衣料做成的衣服，再者，要多用环保的家居产品，注意节约用电、用水；最后，还要尽量少乘坐电梯，以步行或骑车代替乘坐私家车。这些看似不起眼的行为很大程度上就是减缓全球气候变暖的关键。你记住了吗？

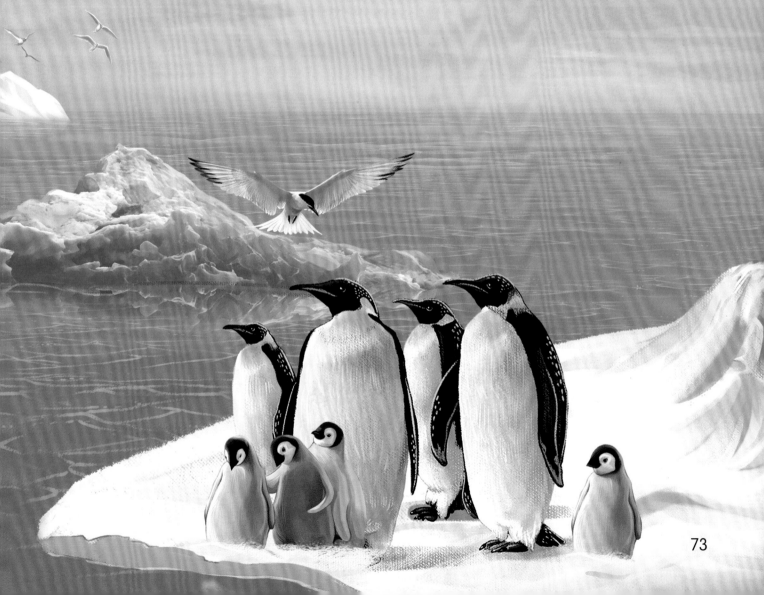